Le royaume des devinettes

Évelyne Reberg habite à Quétigny en Côte-d'Or. Professeur de lettres, puis bibliothécaire, elle est également auteur de nombreuses histoires pour enfants. Publiée régulièrement par les revues de Bayard Presse, elle a aussi écrit des ouvrages édités chez Duculot, la Farandole, L'École des loisirs, Nathan et Flammarion (Castor Poche).

Du même auteur dans Bayard Poche :
Le dragon chanteur - La cochonie de vacances
(Les belles histoires)
C'est la vie, Julie - La vieille dame et le fantôme
Les Lili Moutarde - Un diable au garage Grog
La bibliothèque ensorcelée - Berlingot a disparu !
(J'aime lire)

Mette Ivers, née à Paris, a étudié les Beaux-Arts à Copenhague. Elle partage son temps entre la peinture et l'illustration de livres. À son palmarès, plusieurs titres pour Folio Junior, Le Livre de poche Jeunesse, Nathan, Bordas, Hatier. Elle collabore régulièrement à *Pomme d'Api* et *J'aime lire*.

Du même illustrateur dans Bayard Poche (J'aime lire) :
La forêt d'Arua - Le pommier de la reine
Les lapins de madame Carmel

Bayard Éditions est une marque
du Département Livre de Bayard Presse
ISBN 2. 227. 72268. 1

Le royaume des devinettes

Une histoire écrite par Évelyne Reberg
illustrée par Mette Ivers

BAYARD ÉDITIONS

La Belle Ensorcelée

Il était un garçon si laid, si contrefait, qu'aucune fille ne voulait l'aimer. Son nom, personne ne le connaissait. On l'avait surnommé « Obo ».

Quand Obo était triste, il se perdait dans la forêt et là, il jouait de la flûte. Les oiseaux

l'écoutaient, et les chevreuils, et les biches. Autour de lui, la forêt tout entière se taisait.

Un jour qu'il se promenait, Obo aperçut un homme adossé à un arbre. Il était à bout de forces, maigre, décharné et semblait près de mourir. Il dit, d'une voix qu'on entendait à peine :

– Comme c'est étrange ! Depuis un instant, j'entends le son de ta flûte, et mes forces me reviennent ! Veux-tu jouer encore pour moi ?

Alors Obo joua pour lui. C'était une musique douce et simple qui semblait caresser le ciel. Peu à peu, l'homme se redressait, peu à peu ses joues se coloraient. Bientôt il put parler :

– Tu possèdes un grand pouvoir, dit-il. De la mort, tu m'as ramené à la vie. Peut-être serais-tu capable de délivrer la Belle Ensorcelée ?

– La Belle Ensorcelée ? dit Obo dans un souffle.

– Elle est plus belle que le jour. Emprisonnée loin d'ici, à Riorim. Voici la carte pour y aller, un magicien me l'a donnée.

– J'irai ! s'écria Obo.

– Surtout, méfie-toi ! Le roi qui règne sur Riorim est un mauvais génie. Il t'accueillera volontiers, il fera tout pour t'attirer. Mais plus tu approcheras de lui, plus tu seras en danger.

L'homme s'arrêta un instant, puis il reprit :

– Les prisonniers de Riorim subissent bien des épreuves. Moi, j'ai pu me sauver, mais si je ne t'avais pas rencontré, je serais mort, ici même. Personne n'est jamais parvenu jusqu'à la Belle Ensorcelée. La nuit, à Riorim, on entend parfois son chant terrible :

« Le sang se glace dans mes veines,
Quel feu pourra le réchauffer ?
Celui qui m'approche risque sa vie,
Je pleure en pensant à lui. »

– Et où se trouve le palais de la Belle ? murmura Obo en se penchant sur la carte.

– Au Centre, dit l'homme. Adieu, je n'en sais pas davantage.

Et il s'en fut.

La ville blanche

Dès cet instant, Obo se mit à rêver à la prisonnière : il en rêvait le jour, il en rêvait la nuit, et dans ses songes elle était belle, tendre, presque lumineuse.

Un beau jour, il partit. Il escalada des montagnes, il traversa des fleuves, au péril

de sa vie. Il marcha tant et tant que ses pieds étaient en sang. Un jour, enfin, il arriva à Riorim.

La ville scintillait au soleil, si blanche qu'on aurait dit un éclat de rire. Avec le vent qui soufflait doucement sur les toits dorés, on entendait comme le bruit d'un cœur qui bat.

Obo pénétra dans la ville. Elle était déserte, endormie, et chaque pas résonnait sur la route. Les rues n'avaient pas de nom, mais chaque maison en avait un. Obo passa devant *Allez,* puis devant *En pente,* puis il tourna à droite vers *Par là.* C'était comme un message qu'il ne pouvait pas comprendre. Et plus il avançait, plus il avait l'impression de se perdre.

« Suis-je déjà passé devant *Par ici,* ou bien *Par là ?* se disait-il comme pris dans un labyrinthe. Et le Centre ? Où est donc le Centre ? »

Découragé, à bout de forces, il finit par s'asseoir au bord de la route. C'est alors qu'il vit un passant.

C'était un bonhomme si petit, si maigre, qu'on aurait dit un poulet déplumé.

– Hep ! s'écria Obo. Monsieur !

– Tiens ! Un touriste ! haleta le petit homme.

Mais, au lieu de s'arrêter, il fila devant Obo, comme s'il était pressé.

– Monsieur ! Monsieur ! criait Obo. Je voudrais vous poser une question !

Le maigrichon s'arrêta net, fit demi-tour et murmura, l'air effaré :

– Pas de questions… c'est dangereux ! Un conseil : décampe, tant que tu le peux, cette ville est un piège !

Obo s'obstina :

– Je voulais juste vous demander où se trouve...

– ... le Centre, n'est-ce pas ? devina le bonhomme. Eh bien, tant pis pour toi, je suis obligé de te répondre. Ainsi le veut notre grand roi.

Il cligna des yeux d'un air malin et ajouta :

– Mais je vais te donner une réponse bizarre. Aimes-tu les devinettes ?

– C'est… une sorte de jeu ? demanda Obo.

– Exactement : un jeu très amusant ! dit le petit homme. Voilà : sais-tu comment s'appelle cette ville ?

– Riorim ! dit Obo.

– Eh bien, le Centre, tu le connais !

– Oh… protesta Obo.

Mais déjà, il n'y avait plus personne devant lui. Il entendit un bruit de pas au loin : pam ! poum ! pam ! poum ! Puis plus rien. Plus rien.

Le chat d'or

Riorim ? Riorim ? Obo fixait le mot inscrit sur sa carte et soudain, il comprit. Le centre du mot était « or ». Mais oui… Sur la carte, il existait bel et bien une maison appelée *Or*.

– Hé, hé ! J'ai trouvé la devinette ! s'exclama Obo.

Et il constata que, de-ci de-là, des flèches indiquaient la direction de *Or.* Il ne les avait pas remarquées jusqu'ici.

Il marcha et se retrouva devant un palais doré. Alors il frappa à la porte. On ne répondit pas. Il ouvrit, il entra. La pièce était entièrement vide et tapissée de miroirs. Obo vit son image sur tous les murs. Cela ne lui plaisait pas et il ferma les yeux.

– Il y a quelqu'un ? dit-il tout haut.

En guise de réponse, il entendit :

– Il n'y a personne…

– Qui donc me parle ainsi ? se dit Obo, troublé. Je connais cette voix, j'en suis sûr.

Il était inquiet et il se mit à trembler quand il répéta :

– Il y a quelqu'un ?

La voix répondit comme la première fois et

soudain, Obo comprit que c'était sa propre voix qui lui parlait ! Il ouvrit les yeux. Il se vit dans tous les miroirs et se sentit glacé d'effroi. Il dit :

– Je cherche…

Et sa voix dit :

– Tu fuis…

Obo ne cessait de reculer à petits pas glissants. Il cherchait la porte du regard, mais elle semblait avoir disparu.

– Je cherche une femme, dit-il.

Et la voix répondit :

– Tu fuis un homme.

Soudain, Obo s'exclama :

– J'ai deviné ! Il faut demander le contraire de ce que l'on veut.

Il voulait annoncer simplement : « Je cherche une femme plus belle que le jour », et il s'appliqua à dire :

– Je fuis un homme plus laid que la nuit.

Dès qu'il eut prononcé ces mots, une porte s'ouvrit devant lui. Obo resta cloué sur place. Mais un chant s'était élevé, et c'était

un chant si vibrant, si étrange, qu'il ne put s'empêcher d'avancer pour l'écouter. Il pénétra dans un merveilleux salon, plein de meubles dorés. Au centre, sur une table, il y avait une cage. Et dans la cage se trouvait un petit chat, pas plus gros qu'un oiseau, un chat doré. C'était lui qui chantait, une patte posée sur le cœur.

Quand Obo fut près de lui, le chat inclina gracieusement la tête et miaula :

– Cher étranger, sois bienvenu dans le palais de notre grand Génie ! Il va te recevoir dans un instant, dès que nous aurons fini de jouer, toi et moi. Aimes-tu les devinettes ?

– Euh… oui ! dit Obo.

– Si tu gagnes, tu pénétreras jusqu'au centre du Centre, près de la princesse Or !

– Elle s'appelle donc Or ! dit Obo. Que c'est beau !

Et il ferma les yeux.

– Mais si tu perds, poursuivit le chat avec un petit rire, tu seras prisonnier, comme tous les habitants de la ville, et tu perdras tes forces. Tu ne pourras même plus te sauver. Fais attention, mes questions sont très difficiles, même quand elles sont faciles. Et quand on triche, on meurt ! On y va ? Tu as une seconde pour répondre.

– On y va ! fit Obo en tremblant.

– Comment t'appelles-tu ? dit le chat.

– Obo ! dit Obo.

– Envers ou endroit ? dit le chat.

– Envers et endroit ! dit Obo. Mon nom est le même dans un sens ou dans l'autre.

– Qu'est-ce que Riorim ? dit le chat.

– C'est… « Miroir », répondit Obo en disant Riorim à l'envers.

– Bravo ! fit le chat en fronçant les sourcils. Tu es malin. Pour la dernière réponse, tu ne dois pas réfléchir, même une demi-seconde. Prêt ?

– Prêt ! fit Obo.

– Quel est l'envers de non ?

Obo faillit dire « oui », mais il se rattrapa d'extrême justesse :

– C'est « non » ! s'écria-t-il.

– Sacré bonsoir de bravo ! cracha le chat, furieux. Tu m'a eu !

Puis il se reprit et annonça d'une voix mielleuse :

– Te voilà donc arrivé au centre du Centre. J'ai la joie de t'introduire près de notre grand roi : Riorim en personne.

4

Le monstre de Riorim

La pièce s’obscurcit, la cage disparut, et Obo vit un scintillement qui avançait vers lui. C’était un trône. Un faisceau de lumière l’illumina. Sur le trône était assis un énorme monstre, mi-chair, mi-poisson, corps d’homme, tête de requin.

– Bienvenue à toi! rugit le monstre. Je suis transporté de joie à l'idée de t'avoir comme invité.

Il se tenait de profil. On ne voyait que la moitié de son visage. Il semblait triste avec un grand œil glauque, et une gueule menaçante, toute pleine de dents.

– Comme tu es laid ! grimaça le monstre. Ainsi donc, tu as réussi à venir jusqu'à moi. Maintenant, nous devons nous battre, et si je suis plus fort que toi, Or m'épousera : telle est sa promesse.

Il étira le cou et se mit à bramer :

– O-o-o-or ! Ma prisonnière, ma chère amie ! Un étranger est venu jusqu'ici. Viens l'accueillir comme il se doit. Ô ma Belle Ensorcelée, viens assister au grand duel !

Le cœur d'Obo battait à se rompre : elle allait enfin apparaître, celle qui l'avait tant fait rêver.

La nuit se fit.

Et soudain apparut… apparurent… six filles merveilleuses, raides et blanches, comme des anges de verre. Six belles filles aux mêmes cheveux d'or, plus belles que le plus beau des rêves.

– Voici Or ! s'exclama Riorim.

Il se retourna, et Obo vit l'autre moitié de sa face : cette moitié-là n'était pas triste, mais triomphante, rusée, avec un œil rieur et une grande gueule de dents éclatantes.

– Elle est... elles sont... très belles ! balbutia Obo.

– Six fois plus belles que tu ne le pensais, n'est-ce pas ? rugit le monstre qui riait à en faire trembler la chair molle de son gros ventre. Dis-moi, aimes-tu les devinettes ?

– Euh… oui ! dit Obo.

– Très bien. Parmi ces six apparitions, trouve qui est Or. Et choisis bien. Sinon…

– Sinon ? gémit le jeune homme.

– Sinon, je te tuerai. Car tu es venu jusqu'ici et tu connais trop de mes secrets.

Il fixait Obo, en soulevant sa lourde paupière bouffie.

– On y va ? demanda-t-il.

– On y va ! dit Obo.

Sur un air de flûte

Les six Or regardaient Obo de leurs mêmes yeux d'anges lumineux. Raides et blanches, aux mêmes cheveux. Qui était Or, la véritable Or ?

– Comme tu m'es sympathique, ricana le monstre, je vais t'aider un peu. Sache que Or, la vraie Or, a des talents exceptionnels : elle sait parler, elle sait entendre, elle sait rire, elle sait pleurer. Voilà. Tu n'as qu'une réponse à donner, tu n'as pas le droit de te tromper. Réponds : quelle est la vraie ?

Obo demanda :

– Ô vous, roi de Riorim, maître des énigmes, je sens que je vais perdre ! ... M'accorderez-vous de jouer de la flûte une dernière fois, avant que je meure ?

– Fais ce que tu voudras, gloussa le monstre. Je te laisse six minutes. Mais ne compte pas sur Or pour t'aider, elle est ensorcelée. À mon retour, ton sort sera joué.

Il s'ébroua, ébranla le sol de son pas lourd.

Et Obo se retrouva seul avec les six belles qui le regardaient sans ciller, immobiles, comme victimes d'un mauvais sort.

Alors voici ce qui se passa :

Obo prit sa flûte et il joua. L'air était si triste que les yeux de toutes les belles se mirent à briller comme des morceaux de verre. Sauf une, qui ne savait pas pleurer : celle-ci n'était point Or.

Alors la mélodie devint langoureuse, entraînante, et les filles ne purent se retenir de danser. On aurait cru des fées sur le point de s'envoler. Sauf une, qui ne savait pas danser : celle-ci n'était point Or.

Soudain le son de la flûte se fit joyeux, et

toutes éclatèrent de rire, montrant leurs dents si blanches. Sauf une, qui ne savait pas rire : celle-ci n'était point Or.

Obo cessa de jouer, et de leurs douces voix, toutes supplièrent : « Encore ! Encore ! » Sauf une, qui ne pouvait pas parler : celle-ci n'était point Or.

Obo fit semblant d'obéir. Il porta la flûte à ses lèvres, gonfla les joues, comme s'il jouait. Mais toutes restèrent immobiles, sauf une, qui fit des pas de danse. Elle avait fait semblant d'entendre : celle-ci n'était point Or.

La belle des belles

Il restait une jeune fille, la seule, la vraie : elle savait pleurer et rire, danser, entendre, parler, et celle-ci était Or. Obo lui tendit la main. Elle vint dans ses bras et toutes les autres disparurent. Or se frotta les yeux, comme si elle s'éveillait d'un long sommeil, et elle se mit à chanter, d'une voix de violoncelle :

« Le feu coule dans mes veines !
Parmi les reflets
Quelqu'un m'a devinée !
Celui-là doit m'aimer
Et celui-là, je l'aime. »

– Obo, dit-elle, je suis magicienne, et Riorim voulait m'épouser. Un jour, il m'a invitée, et

pour m'ensorceler, il m'a fait boire une potion. Depuis cet instant, dès que venait le jour, j'étais comme endormie. Mais chaque nuit, je me réveillais et Riorim venait me supplier. Je lui répondais par un chant, car j'espérais que quelqu'un m'entendrait et viendrait me sauver.

Puis elle donna à Obo un long baiser, et personne n'était là pour les regarder.

– Tu m'as délivrée, ô mon bien-aimé ! chuchota Or.

Elle toucha les murs du palais, et les murs s'effondrèrent autour d'eux. Le royaume explosa en mille éclats de miroir, et on entendit le rugissement terrible, féroce, bestial, de Riorim qui mourait.

Mais Obo gardait de la tristesse dans ses yeux. Il finit par dire :

– N'es-tu pas déçue de me voir si laid ?

– Laid ? demanda Or. Ne sais-tu pas que celui que j'aime devient aussitôt plus beau que le prince des contes ? Regarde-toi dans mes yeux !

Il se regarda : en effet, il était devenu aussi beau qu'un prince.

Le palais s'était changé en vaisseau. Et comme un grand oiseau blanc, il emporta Or et Obo loin, très loin, dans le plus beau pays du monde.

Dans la même collection
J'aime lire

JACQUES ET LE TANK

Un jeu dangereux

Automne 1944. Dans la petite ville où vit Jacques, la guerre se termine. Les Américains bombardent. Les Allemands s'en vont. Mais dans leur fuite, ils laissent derrière eux un tank. Un vrai ! Grandeur nature ! Jacques et ses copains n'ont plus qu'une idée : jouer dans ce tank. Mais la guerre n'est pas un jeu...

Une histoire écrite par Jacques Delval et illustrée par Michel Charrier.

IVAN LE MAGNIFIQUE

Le courage récompensé

Un bébé, la reine veut un bébé ! Pour réaliser son rêve, elle mange un poisson à plumes d'or. Sa cuisinière et une vache en goûtent aussi... Et quelques mois plus tard, à la même heure, chacune d'elles donne naissance à un beau garçon. Les enfants se ressemblent comme trois gouttes d'eau. Devenus grands, ils partent ensemble courir le monde. Pourront-ils faire face aux dangers qui les attendent ? Lequel des trois princes rentrera au pays couvert d'honneur et de gloire ?

Une histoire écrite par Jacqueline Cohen et illustrée par Colette Camil.

LE RÊVE DE NIKITA

Une vie de rêve

Dans un pays merveilleux vit un riche marchand qui a trois fils. Le jour de leur installation dans une nouvelle maison, le père demande à ses fils de raconter leur premier rêve, qui, comme chacun sait, se réalise toujours. Nikita, le plus jeune fils, s'y refuse obstinément. Pour le punir, son père le donne au tsar. Mais le tsar, lui aussi, veut connaître le rêve de Nikita... Quel est-il, ce rêve mystérieux, et jusqu'où emmènera-t-il l'intrépide Nikita ?

Une histoire écrite par Marie Sellier et illustrée par Annie-Claude Martin.

BERLINGOT A DISPARU !

Baby-kidnapping

Le frère de Bérénice en a assez d'assurer chaque jour la promenade de cette petite sœur qui bavote, crachote, gigote... et fait l'admiration de toutes les vieilles dames du square. Alors pour passer le temps, il se raconte des histoires. Par exemple, que Bérénice est une princesse, et lui le garde du corps chargé de la protéger contre les gangsters qui essaient de la kidnapper. Et puis un jour, le temps qu'il se retourne, il ne reste plus dans la poussette qu'un gilet rose et un morceau de gâteau. Cette fois, c'est grave : Bérénice a disparu pour de vrai !

Une histoire écrite par Évelyne Reberg et illustrée par Claude et Denise Millet.

MYSTÈRE ET BOULE DE NEIGE

Sur la piste de Tonton Pierre

Blanche et Juju sont contents : ils ont pris le train tout seuls pour venir passer les vacances de Noël chez leur oncle Pierre. Mais à la gare, surprise : Tonton n'est pas là pour les attendre. Heureusement, un voisin les dépose devant la maison. Là, nouvelle surprise : personne ! Rien que la neige qui tombe à gros flocons et le feu qui brûle dans la cheminée du salon en désordre. Pour Blanche, ça ne fait pas de doute : Tonton a été enlevé par des gangsters et il faut absolument le retrouver.

Une histoire écrite par Jacques Delval et illustrée par Stanislas Barthélémy.

LE TURCUS ÉTOILUS

La traque au papillon

Envoyé en mission secrète par l'Institut d'histoire naturelle, Louis Chabert emmène son neveu Jeannot à travers l'Italie et la Grèce dans sa camionnette de marchand de fruits et légumes. Pour quoi ? Pour le Turcus Étoilus. Un fabuleux papillon aux ailes couleur de nuit étoilée, qui vit, paraît-il, en Turquie, et que personne n'a jamais réussi à capturer... Mais qui sont les deux mystérieux personnages qui traquent le chasseur de papillons ? Seraient-ce les hommes de main du terrible Florin Groslingot, le collectionneur enragé, prêt à tout pour enrichir sa collection ?

Une nouvelle aventure pour Jeannot et son oncle Louis Chabert, les personnages de *Du houx dans les petits-pois*.

Une histoire écrite et illustrée par Yvan Pommaux.

LA CHARABIOLE

Drôle de maladie !

Petites lunettes, cartable ciré : Quentin Corbillon est un élève modèle. Il sait tout, il a 20 en tout, et il révise même ses leçons pendant les récréations. Bien sûr, la maîtresse le chouchoute... Jusqu'au cours de mathématiques où Quentin répond que les triangles ce sont des « chioukamards à gloupions... » Depuis ce jour-là, Quentin ne parle plus que dans un incroyable charabia que personne ne comprend. Professeurs, parents, docteurs, tout le monde s'affole. Comment guérir Quentin de cette drôle de maladie ?

Une histoire écrite par Fanny Joly
et illustrée par Claude et Denise Millet.

LA PRINCESSE ÉLASTIQUE

Gare à vos fesses !

À la naissance de cette princesse, la plus vieille fée du royaume, sa marraine, avait oublié sa baguette magique. Alors, elle s'est servie d'un tournevis pour prononcer au-dessus du berceau ce vœu : « Petite, tu ne te laisseras jamais marcher sur les pieds ! » Le vœu a été exaucé : Élastique n'est vraiment pas commode ! Au château, on s'en aperçoit tous les jours, et en particulier quand le roi son père décide de la marier. La princesse chasse tous les prétendants à grands coups de pied aux fesses ! Trouvera-t-on un amoureux suffisamment souple et solide pour Élastique ?

Une histoire écrite par Bernard Friot
et illustrée par Manuel Gracia.

Achevé d'imprimer en mai 1993 par Ouest Impressions Oberthur
35000 Rennes - N° 14033
Dépôt légal éditeur n° 1497 - Juin 1993
Imprimé en France